Mein neues
ZITATEBUCH

Wieland Backes

Mein neues
ZITATEBUCH

KLÖPFER&MEYER

Inhalt

Ein (kurzes) Vorwort 7

Lebenskunst und Lebensart 13

Frauen und Männer 25

Liebe, Ehe, Familie 33

Ernährung, Gesundheit, Schönheit 45

Bildung, Erziehung, Wissenschaft 55

Schicksal 65

Politik und Gesellschaft 75

Karriere, Erfolg, Berühmtheit 87

Jugend, Alter, Glaube 101

Menschliches und Zwischenmenschliches 113

Ein (kurzes) Vorwort

Wieland Backes

Das Leben hat keinen Sinn,
außer dem, den wir ihm geben.

Thornton Wilder (1897–1975)
US-amerikanischer Schriftsteller

Dies ist eine Einladung zum Lustwandeln, zu einer Tour d'horizon durch die Welt der Zitate, Sinnsprüche, Lebensweisheiten, zur Beschäftigung mit der vielleicht kürzesten Literaturform überhaupt.

»In die Geschichte gehen Sätze von höchstens sieben Wörtern ein.« – Der polnische Mathematiker Hugo Steinhaus führt mit seiner Behauptung mitten hinein in eine hochkontroverse Debatte: Wie aussagekräftig, wie erinnerungsstark sind sie wirklich, die kurz gefassten Erkenntnisse, die uns in Zitaten und Aphorismen begegnen? In literarischen Kreisen wird darüber heftig gestritten und zuweilen kräftig die Nase gerümpft. Zitate – so wird z.B. argumentiert – seien der »Sarg des Gedankens«, der »Nippes der Bürgerlichkeit.«

Die Zuschauer meiner Sendungen »Nachtcafé« und »Ich trage einen großen Namen« sehen das offenbar in großer Mehrheit anders. Sie bestehen förmlich darauf, dass ich mich

9

jeweils mit einem Zitat von ihnen verabschiede. Sie wollen diesen kurzen sprachlichen Impuls am Ende noch mitnehmen, darüber nachdenken, diskutieren, schmunzeln oder gar lauthals lachen.

Und sie sind damit nicht allein: Ein Grieche war es, der sich mit der nachweislich kürzesten aller Literaturformen um 500 v. Chr. als erster im Gedächtnis der Menschheit verankert hat: Der Philosoph Heraklit von Ephesos drückte sich fast nur in kurzen Aphorismen aus: »Alles fließt.« Wir haben es nicht vergessen.

Über die Jahrhunderte haben sich etliche Denker, Dichter, Künstler und andere Zeitgenossen zu wahren Meistern der Aphorismen aufgeschwungen: Oscar Wilde und Karl Kraus, Goethe und Schopenhauer, Mark Twain und Woody Allen. Was sie und all die anderen, die Prominenten und die noch beinahe Namenlosen, hinterlassen haben, ist ein großer Schatz im Kleinformat.

Für die Leser dieses kleinen Bändchens habe ich rund 400 nachdenkliche, witzige und hintergründige Zitate aus meinen Sendungen ausgewählt. Wie formulierte es doch Erich Kästner:

> »Wer was zu sagen hat, hat keine Eile,
> Er lässt sich Zeit und sagt's in einer Zeile.«

Angesichts solcher Dichterworte ist mein kurzes Vorwort vielleicht doch etwas zu lang geraten. Entschuldigen Sie bitte, »ich hatte einfach keine Zeit, mich kurz zu fassen!«

Wieland Backes

Lebenskunst und Lebensart

Jorge Gonzalez

Die Absicht,
dass der Mensch glücklich sei,
ist im Plan der »Schöpfung«
nicht enthalten.

Sigmund Freud (1856–1939)
österreichischer Psychoanalytiker

Jeder Mensch macht Fehler.
Das Kunststück liegt darin, sie dann zu
machen, wenn keiner zuschaut.

Peter Ustinov (1921–2004)
britischer Schauspieler

Lerne zuhören und Du wirst auch
von denjenigen Nutzen ziehen,
die dummes Zeug reden.

Platon (427 v. Chr. – 347 v. Chr.)
griechischer Philosoph

Es ist besser, hohe Grundsätze zu haben,
die man befolgt, als noch höhere,
die man außer acht lässt.

Albert Schweitzer (1875–1965)
deutsch-französischer Arzt u. evangelischer Theologe

Nicht weil es schwer ist,
wagen wir es nicht, sondern,
weil wir es nicht wagen, ist es schwer.

Seneca (4 v. Chr. – 65 n. Chr.)
römischer Philosoph

Im Leben kommt es darauf an,
Hammer oder Amboss zu sein –
aber niemals das Material dazwischen.

Norman Mailer (1923–2007)
US-amerikanischer Schriftsteller

Abstinenz ist die Kunst, das nicht zu mögen,
was man ohnehin nicht kriegt.

Georg Thomalla (1915–1999)
deutscher Schauspieler

Wenn ich jemals alle Regeln befolgt hätte,
wäre ich niemals vorangekommen.

Marilyn Monroe (1926–1962)
US-amerikanische Schauspielerin

Wer eine schnelle Zunge hat,
soll wenigstens nicht langsam denken.

kretisches Sprichwort

Wer sich über irgendetwas
eine Minute lang ärgert,
sollte daran denken, dass er dadurch
60 Sekunden Fröhlichkeit verliert.

Robert Stolz (1880–1975)
österreichischer Komponist und Dirigent

Man muss sicher auf festem Boden
gehen können, ehe man mit
dem Seiltanzen beginnt.

Henri Matisse (1869–1954)
französischer Maler

Man muss sein Leben aus dem Holz
schnitzen, das man zur Verfügung hat.

Theodor Storm (1817–1888)
deutscher Schriftsteller

Ein Korken muss man sein und sich
im Leben auf der Strömung treiben lassen.

Michael Groß (*1964)
deutscher Schwimmsportler u. Olympiasieger

Wir haben keine Zeit, darum langsam!

Paavo Nurmi (1897–1973)
finnischer Leichtathlet

An zwei Dinge muss man sich gewöhnen,
um das Leben erträglich zu finden:
Die Unbilden der Zeit und
die Ungerechtigkeiten der Menschen.

Nicolas Chamfort (1741–1790)
französischer Dramatiker

Humor ist eine todernste Angelegenheit.

George Tabori (1914–2007)
ungarisch-deutscher Theatermacher
und Schriftsteller

Peile ein hohes Ziel an und
Du wirst es treffen.

Annie Oakley (1860–1926)
US-amerikanische Kunstschützin

Träume nicht Dein Leben,
lebe Deine Träume.

Verfasser unbekannt

Zur Weihnacht zeigt die Welt sich
immer so, wie sie sein könnte,
wenn es die anderen 364 Tage im Jahr
nicht gäbe.

Willy Meurer (*1934)
deutsch-kanadischer Aphoristiker

Eine gute Schwäche ist besser
als eine schlechte Stärke.

Charles Aznavour (*1924)
armenisch-französischer Chansonnier
und Komponist

Man braucht zwei Jahre, um sprechen zu
lernen und fünfzig, um schweigen zu lernen.

Ernest Hemingway (1899–1961)
US-amerikanischer Schriftsteller

Wohin auch immer wir reisen,
wir suchen, wovon wir träumten, und
finden doch stets nur uns selbst.

Günter Kunert (*1929)
deutscher Schriftsteller

Jeder Mensch ist ein Mond und hat eine
dunkle Seite, die er niemandem zeigt.

Mark Twain (1835–1910)
US-amerikanischer Schriftsteller

Niemand ist nutzlos in dieser Welt,
der einem anderen die Bürde
leichter macht.

Charles Dickens (1812–1870)
englischer Schriftsteller

Wer sich allein langweilt, ist auch zu zweit
nicht sehr unterhaltend.

Ben Kingsley (*1943)
britischer Schauspieler

Das Schicksal schenkt Dir ein Pferd –
reiten musst Du es alleine.

litauisches Sprichwort

Wenn man seine Ruhe nicht in
sich selbst findet, ist es zwecklos,
sie andernorts zu suchen.

François de La Rochefoucauld (1613–1680)
französischer Schriftsteller

Auf Reisen gleichen wir einem Film,
der belichtet wird. Entwickeln wird ihn
die Erinnerung.

Max Frisch (1911–1991)
Schweizer Schriftsteller und Architekt

Versöhnung ist die Kunst,
den Zauber eines Neuanfangs
ein zweites Mal zu erleben.

Stephan Sarek (*1957)
deutscher Schriftsteller

Die Kunst ist, einmal mehr aufzustehen,
als man umgeworfen wird.

Winston Churchill (1874–1965)
britischer Premierminister

Die einzige Möglichkeit,
eine Versuchung loszuwerden, besteht
darin, sich ihr hinzugeben.

Oscar Wilde (1854–1900)
irischer Schriftsteller

Durch die Leidenschaften lebt der Mensch,
durch die Vernunft existiert er bloß.

Nicolas Chamfort (1741–1794)
französischer Schriftsteller

Unsere Mängel sind unsere besten
Lehrer, aber gegen die besten Lehrer
ist man immer undankbar.

Friedrich Nietzsche (1844–1900)
deutscher Philologe

Wirklich gute Freunde sind Menschen,
die uns genau kennen, und trotzdem
zu uns halten.

Marie von Ebner-Eschenbach (1830–1916)
österreichische Schriftstellerin

Ich denke niemals an die Zukunft.
Sie kommt früh genug.

Albert Einstein (1879–1955)
deutscher Physiker und Nobelpreisträger

Dem Überflüssigen nachlaufen, heißt
das Wesentliche verpassen.

Jules Saliège (1870–1956)
Erzbischof von Toulouse

Obwohl ich nicht im Grunde
meines Wesens ehrlich bin,
bin ich es ab und zu, wenn sich
die Gelegenheit ergibt.

William Shakespeare (1564–1616)
englischer Dramatiker und Lyriker

Frauen und Männer

Wieland Backes, Olivia Jones, Günter Wallraff

Männer können analysiert,
Frauen nur angebetet werden.

Oscar Wilde (1854–1900)
irischer Schriftsteller

Ich habe immer gesagt:
Ich bin gerne das schwache Geschlecht,
weil ich meine Stärken kenne.

Maria Schell (1926–2005)
österreichisch-schweizerische Schauspielerin

Eine wirklich emanzipierte Frau braucht
ihre Emanzipation nicht zu plakatieren.
Sie ist für sie so selbstverständlich
wie Pulsschlag und Atemluft.

Giulietta Masina (1921–1994)
italienische Schauspielerin

Frauen sagen selten bewusst die Unwahrheit.
Aber sie geben der Wahrheit gerne
ein bisschen Make-up.

Laurence Olivier (1907–1989)
britischer Schauspieler

Männer brauchen Frauen um sich –
sonst verfallen sie unaufhaltsam
der Barbarei.

Orson Welles (1915–1985)
US-amerikanischer Schauspieler
und Filmregisseur

Wenn Männer sich mit ihrem Kopf
beschäftigen, nennt man das Denken.
Wenn Frauen das gleiche tun,
heißt das Frisieren.

Anna Magnani (1908–1973)
italienische Schauspielerin

Der tiefe Ausschnitt am Kleid einer Frau
bedeutet oft auch einen tiefen Einschnitt
im Leben eines Mannes.

Peter Frankenfeld (1913–1979)
Schauspieler, Sänger und Entertainer

Wer mit Siebzig eine reizende alte Dame
sein möchte, muss als 17-jähriges Mädchen
damit anfangen.

Agatha Christie (1890–1976)
britische Kriminalautorin

Männer verlangen von den Frauen
immer das Gleiche. Frauen verlangen
von den Männern etwas Besonderes.

Sarah Bernhardt (1844–1923)
französische Schauspielerin

Man soll die Männer so nehmen, wie sie
sind, und die Frauen, wie sie sein möchten.

Frank Wedekind (1864–1918)
deutscher Dramatiker

Das schwächere Geschlecht ist das stärkere
– wegen der Schwäche des Stärkeren
für das Schwächere.

Greta Garbo (1905–1990)
schwedische Schauspielerin

Die kluge Frau wünscht sich immer
ein bißchen mehr als ihr Mann ihr
bieten kann, aber niemals so viel,
dass er entmutigt wird.

Sarah Bernhardt (1844–1923)
französische Schauspielerin

Wenn ein Mann zurückweicht,
weicht er zurück. Eine Frau weicht
nur zurück, um besser Anlauf
nehmen zu können.

Zsa Zsa Gabor (*1917)
US-amerikanisch-ungarische Schauspielerin

Die Frauen müssen wieder lernen,
den Mann auf das neugierig zu machen,
was er schon kennt.

Coco Chanel (1883–1971)
französische Modedesignerin

Wer eine gute, verständige und schöne Frau
sucht, sucht nicht eine, sondern drei.

Oscar Wilde (1854–1900)
irischer Schriftsteller

Vermutlich hat Gott die Frau erschaffen,
um den Mann kleinzukriegen.

Voltaire (1694–1778)
französischer Autor
und Philosoph

Frauen sind wie Teebeutel:
Ihre wahre Stärke entfalten sie,
wenn man sie ins Wasser wirft.

Christine Lagarde (*1956)
französische Politikerin und Direktorin
des internationalen Währungsfonds

Die größte Klugheit einer klugen Frau
besteht darin, ihre Klugheit nicht zu zeigen.

Virginia Woolf (1882–1941)
britische Schriftstellerin
und Verlegerin

Für ein gutes Tischgespräch kommt
es nicht so sehr darauf an, was sich
auf dem Tisch, sondern
was sich auf den Stühlen befindet.

Walter Matthau (1920–2000)
US-amerikanischer Schauspieler

Brüllt ein Mann, ist er dynamisch.
Brüllt eine Frau, ist sie hysterisch.

Hildegard Knef (1925–2002)
deutsche Sängerin
und Schauspielerin

Gegensätze ziehen sich an –
z. B. arme Mädchen und reiche Männer.

Jayne Mansfield (1933–1967)
US-amerikanische Schauspielerin

Liebe, Ehe, Familie

Karin und Siegfried Rauch

Eine Liebeserklärung ist wie
die Eröffnung beim Schach:
Die Konsequenzen sind unabsehbar.

Hans Söhnker (1903–1981)
deutscher Schauspieler

Ich habe noch niemanden gesehen,
der durch die Ehe gewonnen hätte.
Alle meine kopulierenden Zeitgenossen
sind glatzköpfig und unzufrieden.

Lord Byron (1788–1824)
britischer Dichter

Der kluge Ehemann kauft seiner Frau
nur das teuerste Porzellan,
weil er dann sicher sein kann,
dass sie es nicht nach ihm wirft.

Gino Locatelli
Aphoristiker

Die Ehe ist der wechselseitige Gebrauch,
den ein Mensch von eines anderen
Geschlechtsorganen und Vermögen macht.

Immanuel Kant (1724–1804)
deutscher Philosoph

Glück in der Ehe ist allein
eine Sache des Zufalls.

Jane Austen (1775–1817)
britische Schriftstellerin

Liebe ist ein Hauptwort,
für Verheiratete ein Bindewort,
für Treulose ein Zeitwort,
in gewissen Fällen ein Umstandswort,
für über Siebzigjährige ein Fremdwort.

Witz aus den 1920er Jahren

Die Heirat ist die einzige lebenslängliche
Verurteilung, bei der man auf Grund
schlechter Führung begnadigt werden kann

Alfred Hitchcock (1899–1980)
britischer Filmregisseur und Autor

Das Letzte, was eine Frau an der Liebe
interessiert, ist die Theorie.

Alfred Kinsey (1894–1956)
US-amerikanischer Sexualforscher

Die Ehe ist unmöglich für eine Frau,
die arbeitet und die denkt und selber etwas will.

Ingeborg Bachmann (1926–1973)
österreichische Schriftstellerin

Liebe ist das einzige, was nicht weniger wird,
wenn wir es verschwenden.

Ricarda Huch (1864–1947)
deutsche Schriftstellerin

Manche Ehe ist ein Todesurteil,
das jahrelang vollstreckt wird.

August Strindberg (1849–1912)
schwedischer Schriftsteller
und Dramatiker

Uns gehört die Stunde. Und eine Stunde,
wenn sie glücklich ist, ist viel.

Theodor Fontane (1819–1898)
deutscher Dichter

Wer je gelebt in Liebesarmen,
der kann im Leben nie verarmen.

Theodor Fontane (1819–1898)
deutscher Dichter

Das Geheimnis einer guten Ehe ist
die Kunst der Improvisation
in einem bewährten Repertoire.

Dieter Borsche (1909–1982)
deutscher Schauspieler

Ich liebe keine Staaten, ich liebe meine Frau.

Gustav Heinemann (1899–1976)
deutscher Bundespräsident

Alles, was notwendig ist, um diese Welt
etwas besser zu machen, ist zu lieben.

Isadora Duncan (1877–1927)
US-amerikanische Tänzerin

Schön ist eigentlich alles,
was man mit Liebe betrachtet.

Christian Morgenstern (1871–1914)
deutscher Schriftsteller

Wenn Du die Bewunderung von zahlreichen
Männern gegen die Kritik eines einzelnen
eintauschen willst, dann heirate.

Katharine Hepburn (1907–2003)
US-amerikanische Schauspielerin

Wenn ich nicht zur Liebe inspirieren kann,
werde ich Angst auslösen.

Mary Shelley (1797–1851)
britische Schriftstellerin
aus ihrem Roman ›Frankenstein‹

Es ist ein zusätzlicher Gewinn,
wenn Du das Mädchen magst,
in das Du verliebt bist.

Clark Gable (1901–1960)
US-amerikanischer Schauspieler

Einen Menschen lieben heißt einzuwilligen,
mit ihm alt zu werden.

Albert Camus (1913–1960)
französischer Schriftsteller
und Nobelpreisträger

Ich könnte Dich nicht so sehr lieben,
meine Liebste, wenn ich meine Freiheit
nicht noch mehr lieben würde.

Johannes Brahms (1833–1897)
deutscher Komponist

Wenn die Leidenschaft zur Tür hereintritt,
rettet sich die Vernunft durchs Fenster.

Sprichwort

Meistens hat, wenn zwei sich scheiden,
einer etwas mehr zu leiden.

Wilhelm Busch (1832–1908)
deutscher Dichter

Die Liebe ist das Gewürz des Lebens,
sie kann es versüßen – aber auch versalzen

Konfuzius (551 v. Chr. – 479 v. Chr.)
chinesischer Philosoph

Man ist glücklich verheiratet,
wenn man lieber heimkommt als fortgeht.

Heinz Rühmann (1902–1994)
deutscher Schauspieler

Manche Trauung ist nur das Gebet
vor der Schlacht.

Phia Rilke (1851–1931)
Mutter von Rainer Maria Rilke

An Rheumatismus und an wahre Liebe glaubt
man erst, wenn man davon befallen wird.

Marie von Ebner-Eschenbach (1830–1916)
österreichische Schriftstellerin

Wer Liebe sucht, findet sie nicht.
Sie überfällt uns, wenn wir sie
am wenigsten erwarten.

George Sand (1804–1876)
französische Schriftstellerin

Wer nicht mehr liebt und nicht mehr irrt,
der lasse sich begraben.

Johann Wolfgang von Goethe (1749–1832)
deutscher Dichter

Liebe ist kein Solo.
Liebe ist ein Duett.
Schwindet sie bei einem,
verstummt das Lied.

Adelbert von Chamisso (1781–1838)
deutscher Naturforscher und Dichter

Es gibt Menschen, die verlieren vor
lauter Liebe den Verstand, aber es gibt
auch viele, die vor Verstand
die Liebe verlieren.

Jean Paul (1763–1825)
deutscher Schriftsteller

Eine Liebe ohne Hindernisse gleicht
einer Landschaft ohne Berge,
beide werden auf die Dauer langweilig.

unbekannter Autor

Kinder sind nicht nur ein Trost
für das Alter, sondern auch ein Mittel,
es schnell zu erreichen.

Roberto Benigni (*1952)
italienischer Regisseur

Lasst uns unseren Verstand zusammennehmen
und bedenken, welches Leben wir unseren
Kindern hinterlassen können.

Sitting Bull (1831–1890)
indianischer Stammeshäuptling

Ich habe mein Leben lang Angst gehabt,
so zu werden wie mein Vater.
Jetzt bin ich so, und es ist gar nicht so schlimm.

Manfred Krug (*1937)
deutscher Schauspieler

Manche Mutter fürchtet,
dass ihre Tochter so werden könnte
wie ihre Schwiegermutter.

Willy Meurer (*1934)
deutsch-kanadischer Aphoristiker

Unsere Kinder tragen nicht nur unsere Gene
in sich, sondern auch unsere Beispiele.

Mary Jane Chambers (1871–1913)
britische Autorin

Es ist sicher eine schöne Sache,
aus gutem Haus zu sein.
Aber das Verdienst gebührt den Vorfahren.

Plutarch (45 n. Chr. – 120 n. Chr.)
griechischer Schriftsteller

Einem Menschen, den Kinder und Tiere
nicht leiden können, ist nicht zu trauen.

Carl Hilty (1833–1909)
Schweizer Staatsrechtler

Eltern verzeihen ihren Kindern
die Fehler am schwersten, die sie selbst
ihnen anerzogen haben.

Marie von Ebner-Eschenbach (1830–1916)
österreichische Schriftstellerin

Ein einziges auf Erden nur ist schöner
und besser als das Weib: es ist die Mutter!

Christian Gottfried Ehrenberg (1795–1876)
deutscher Naturfoscher

Ganz aufgehen in der Familie
heißt ganz untergehen.

Marie von Ebner-Eschenbach (1830–1916)
österreichische Schriftstellerin

Die Familie ist das Vaterland des Herzens.

Giuseppe Mazzini (1805–1872)
italienischer Jurist
und Freiheitskämpfer

Das Erste, das der Mensch im Leben vorfindet,
das Letzte, wonach er die Hand ausstreckt,
das Kostbarste, was er im Leben besitzt,
ist die Familie.

Adolph Kolping (1813–1865)
deutscher Sozialreformer
und katholischer Priester

Es gibt viele Möglichkeiten,
Karriere zu machen, aber die sicherste ist
immer noch, in der richtigen Familie
geboren zu werden.

Donald Trump (*1946)
US-amerikanischer Unternehmer

Ernährung, Gesundheit, Schönheit

Zlata, die Schlangenfrau

Menschen reden oft über ihre Körper
– aber noch häufiger
redet der Körper über sie.

Gregor Brand (*1957)
deutscher Schriftsteller

Glauben Sie nicht, Schokolade wäre
ein Ersatz für Liebe! Die Liebe ist
vielmehr ein Ersatz für Schokolade.

Miranda Ingram
britische Journalistin

Essen ist eine höchst ungerechte Sache:
Jeder Bissen bleibt höchstens zwei Minuten
im Mund, zwei Stunden im Magen,
aber drei Monate an den Hüften.

Christian Dior (1905–1957)
französischer Modeschöpfer

Schönheit ist der Glanz der Wahrheit.

Ludwig Mies van der Rohe (1886–1969)
deutsch-US-amerikanischer Architekt
und Designer

Falten und Krähenfüße sind
die Stenographie des Schicksals.

Marianne Hoppe (1909–2002)
deutsche Schauspielerin

Das Erste, was man bei
einer Abmagerungskur verliert,
ist die gute Laune.

Gert Fröbe (1913–1988)
deutscher Schauspieler

Ich habe ein einfaches Rezept, um
fit zu bleiben. Ich laufe jeden Tag Amok.

Hildegard Knef (1925–2002)
deutsche Sängerin
und Schauspielerin

Wie darf unsereiner seinen Augen trauen?
Eigentlich weiß doch nur allein ein Maler
von der Schönheit zu urteilen.

Gotthold Ephraim Lessing (1729–1781)
deutscher Dichter

Alles, was schön ist, bleibt schön,
auch, wenn es welkt.

Maxim Gorki (1868–1936)
russischer Schriftsteller

Ich bin nur noch eine Darmgrippe
von meinem Traumgewicht entfernt.

aus der US-amerikanischen Filmkomödie
›Der Teufel trägt Prada‹

Ein gelungenes Essen verwöhnt die Seele,
der Körper urteilt später.

Raymond Walden (*1945)
deutscher Pädagoge
und Autor

Es bringt nichts, den Bauch einzuziehen,
wenn man auf der Waage steht.

Fritz Herdi (1920–2014)
Schweizer Schriftsteller

Hässlichkeit schändet nicht die Seele,
aber eine schöne Seele adelt den Leib.

Seneca (4 v. Chr. – 65 n. Chr.)
römischer Philosoph

Schönheit beglückt nicht den,
der sie besitzt, sondern den,
der sie lieben und anbeten kann.

Hermann Hesse (1877–1962)
deutscher Schriftsteller

Wenn man anfängt, seinem Passbild ähnlich
zu sehen, sollte man Urlaub machen.

Ephraim Kishon (1924–2005)
israelischer Schriftsteller
und Satiriker

Übertriebene Bescheidenheit ist
auch Eitelkeit.

August von Kotzebue (1761–1819)
deutscher Schriftsteller
und russischer Generalkonsul

Wer Wein trinkt, schläft gut.
Wer gut schläft, sündigt nicht.
Wer nicht sündigt, wird selig.
Wer also Wein trinkt, wird selig.

William Shakespeare (1564–1616)
englischer Dramatiker

Wir haben eine Menge Heilmittel,
für die es noch gar keine Krankheiten gibt.

Hans-Jürgen Quadbeck-Seeger (*1939)
deutscher Chemiker

Der alte Arzt spricht Latein,
der junge Englisch, der gute
spricht die Sprache des Patienten.

Hausapotheke
für den homöopathischen Patienten

Man soll vor allem Mensch sein und
dann erst Arzt.

Voltaire (1694–1778)
französischer Autor und Philosoph

Die Fortschritte der Medizin
sind ungeheuer – man ist sich
seines Todes nicht mehr sicher.

Hanns-Hermann Kersten (1928–1986)
deutscher Schriftsteller

In der ersten Hälfte des Lebens
opfern wir unsere Gesundheit,
um Geld zu erwerben.
In der zweiten Hälfte
opfern wir Geld,
um die Gesundheit wiederzuerlangen.

Voltaire (1694–1778)
französischer Autor
und Philosoph

Alle Lebewesen außer dem Menschen
wissen, dass der Hauptzweck des Lebens
darin besteht, es zu genießen.

Samuel Butler (1835–1902)
britischer Schriftsteller und Komponist

Unser Körper ist unser Garten und unser
Wille der Gärtner.

William Shakespeare (1564–1616)
englischer Dramatiker
und Lyriker

Die Krankheit können wir uns nicht
auswählen, wohl aber den Arzt.

Walter Ludin (*1945)
Schweizer Theologe und
Journalist

Der Schlaf ist wie eine Taube:
Streckt man die Hand ruhig nach ihr aus,
setzt sie sich drauf. Greift man nach ihr,
fliegt sie weg.

Paul Dubois (1795–1871)
französischer Arzt

Bildung, Erziehung, Wissenschaft

Prof. David Waterhouse, Urururugroßneffe
des englischen Malers William Turner

Weil Denken die schwerste Arbeit ist,
die es gibt, beschäftigen
sich auch nur wenige damit.

Henry Ford (1863–1947)
US-amerikanischer Unternehmer und
Gründer der Ford Motor Company

Bildung ist das, was die meisten empfangen,
viele weitergeben und wenige haben.

Karl Kraus (1874–1936)
österreichischer Schriftsteller

Der Verstand und die Fähigkeit,
ihn zu gebrauchen,
das sind zwei verschiedene Gaben.

Franz Grillparzer (1791–1872)
österreichischer Schriftsteller

Mit dem Geist ist es wie mit dem Magen.
Man kann ihm nur Dinge zumuten,
die er verdauen kann.

Marcus Tullius Cicero (106 v. Chr. – 43 v. Chr.)
römischer Politiker und Philosoph

Es ist das Schicksal des Genies,
unverstanden zu bleiben.
Aber nicht jeder Unverstandene
ist ein Genie.

Ralph Waldo Emerson (1803–1882)
US-amerikanischer Philosoph

Natürlicher Verstand kann fast jeden Grad
von Bildung ersetzen, aber keine Bildung
den natürlichen Verstand.

Arthur Schopenhauer (1788–1860)
deutscher Philosoph

Nichts auf der Welt ist so gerecht verteilt
wie der Verstand. Denn jedermann
ist überzeugt, dass er genug davon habe.

René Descartes (1596–1650)
französischer Philosoph

Der Vorteil der Klugheit liegt darin,
dass man sich dumm stellen kann.
Das Gegenteil ist schon schwieriger.

Kurt Tucholsky (1890–1935)
deutscher Schriftsteller

Was wir wissen, ist ein Tropfen,
was wir nicht wissen, ein Ozean.

Sir Isaac Newton (1643–1727)
englischer Naturforscher
und Philosoph

Diese Frage ist zu gut,
um sie mit einer Antwort zu verderben.

Robert Koch (1843–1910)
deutscher Mediziner
und Mikrobiologe

Gute Erziehung besteht darin,
dass man verbirgt, wie viel man von sich
selber hält und wie wenig von den anderen.

Jean Cocteau (1889–1963)
französischer Regisseur und Schriftsteller

Ich weiß so wenig, doch ziehe ich
das Wenige dem Allwissen vor.

Paul Gauguin (1848–1903)
französischer Maler

Genies fallen nicht vom Himmel.
Sie müssen Gelegenheit zur Ausbildung
und Entwicklung haben.

August Bebel (1840–1913)
deutscher Politiker

Der Weg, auf dem die Schwachen
sich stärken, ist der gleiche, auf dem
die Starken sich vervollkommnen.

Maria Montessori (1870–1952)
italienische Ärztin und Pädagogin

Mir ist wichtiger, dass meine Kinder
keine Arschlöcher werden, als dass sie wissen,
wie groß die Fläche unter der Parabel ist.

Diether Krebs (1947–2000)
Schauspieler und Kabarettist

Ein Talent hat jeder Mensch,
nur gehört zumeist das Licht der Bildung
dazu, um es aufzufinden.

Peter Rosegger (1843–1918)
österreichischer Dichter

Mir ist ein zufriedener Straßenkehrer
lieber als ein neurotischer Professor.

Alexander Sutherland Neill (1883–1973)
englischer Pädagoge

Meine Mutter hatte einen Haufen Ärger
mit mir, aber ich glaube, sie hat es genossen.

Mark Twain (1835–1910)
US-amerikanischer Schriftsteller

Es gibt nur eines, was auf Dauer
teurer ist als Bildung:
Keine Bildung.

John F. Kennedy (1917–1963)
35. Präsident der Vereinigten Staaten

Der Mensch beginnt nicht leicht zu denken.
Aber sobald er mal damit begonnen hat,
hört er nicht mehr auf.

Jean-Jacques Rousseau (1712–1778)
französischer Schriftsteller
und Philosoph

Persönlichkeit haben heißt:
Die tausend Irrtümer eingestehen,
die man im Laufe des Lebens gemacht hat.

Alexander Mitscherlich (1908–1982)
deutscher Psychoanalytiker
und Sozialpsychologe

Es ist besser zu schweigen
und als Narr zu erscheinen,
als zu sprechen und
dadurch jeden Zweifel zu beseitigen.

Abraham Lincoln (1809–1865)
16. Präsident der Vereinigten Staaten

Intelligente Fehler zu machen,
ist eine große Kunst.

Federico Fellini (1920–1993)
italienischer Regisseur
und Drehbuchautor

Achte auf Deine Gedanken!
Sie sind der Anfang Deiner Taten.

Chinesisches Sprichwort

Was wir brauchen, sind ein paar verrückte
Leute. Seht euch an, wohin uns die normalen
gebracht haben.

George Bernard Shaw (1856–1950)
irisch-britischer Dramatiker

Unter Intuition versteht man die
Fähigkeit gewisser Leute, eine Lage
in Sekundenschnelle falsch zu beurteilen.

Friedrich Dürrenmatt (1921–1990)
Schweizer Schriftsteller

Worte sind die mächtigste Droge,
welche die Menschheit benutzt.

Rudyard Kipling (1865–1936)
britischer Schriftsteller

Der Mensch bringt sogar die Wüste
zum Blühen. Die einzige Wüste,
die ihm noch Widerstand bietet,
befindet sich in seinem Kopf.

Ephraim Kishon (1924–2005)
israelischer Schriftsteller
und Satiriker

Der Verstand ist ein Schuft. Dummheit
dagegen ist offenherzig und ehrlich.

Fjodor Dostojewski (1821–1881)
russischer Schriftsteller

Mit all der Mühe, mit der wir manche
unserer Fehler verbergen, könnten wir sie
uns leicht abgewöhnen.

Michelangelo Buonarroti (1475–1564)
italienischer Maler, Bildhauer,
Architekt und Dichter

Intellektuell lässt sich kein Unterschied
zwischen Tenören und Bässen ausmachen.
Wenn Tenöre Unsinn reden, tun Sie es
eben eine Oktave höher.

Sir Thomas Beecham (1879–1961)
britischer Dirigent

Jede Dummheit findet einen, der sie macht.

Tennessee Williams (1911–1983)
US-amerikanischer Schriftsteller

Die besten Bücher sind nicht die,
die uns satt, sondern die uns hungrig
machen, hungrig auf das Leben.

Gorch Fock (1880–1916)
deutscher Schriftsteller

Schicksal

Asfa-Wossen Asserate, Großneffe von Haile Selassie

Erfahrung ist nicht das,
was einem zustößt.
Erfahrung ist das,
was man aus dem macht,
was einem zustößt.

Aldous Huxley (1894–1963)
britischer Schriftsteller

Fürchte nicht das Chaos,
denn im Chaos wird das Neue geboren.

Carl Gustav Jung (1875–1961)
Schweizer Psychiater

Ein Optimist ist in der Regel ein Zeitgenosse,
der ungenügend informiert ist.

John B. Priestley (1894–1984)
englischer Schriftsteller
und Journalist

Optimisten haben gar keine Ahnung
von den freudigen Überraschungen,
die Pessimisten erleben.

Peter Bamm (1897–1975)
deutscher Arzt
und Schriftsteller

Man kann einen Menschen
mit einer Wohnung erschlagen
wie mit einer Axt.

Heinrich Zille (1858–1929)
deutscher Grafiker, Maler
und Fotograf

Fehlschläge sind die Würze,
die dem Erfolg sein Aroma geben.

Truman Capote (1924–1984)
US-amerikanischer Schauspieler
und Schriftsteller

Wahrlich, keiner ist weise,
der nicht das Dunkel kennt.

Hermann Hesse (1877–1962)
deutscher Schriftsteller

Wie oft wird ein großer Name
nur auf Kosten des guten Namens errungen.

Marie von Ebner-Eschenbach (1830–1916)
österreichische Schriftstellerin

Manches beginnt als Abenteuer und
endet als teurer Abend.

Willy Reichert (1896–1973)
deutscher Schauspieler
und Komiker

Die Gefahr, dass der Computer so wird
wie der Mensch, ist nicht so groß,
wie die Gefahr, dass der Mensch wird
wie der Computer.

Konrad Zuse (1910–1995)
deutscher Ingenieur
und Erfinder

Zwischen zu früh und zu spät
liegt immer nur ein Augenblick.

Franz Werfel (1890–1945)
österreichischer Dichter

Glücklich, wer mit den Verhältnissen
zu brechen versteht, ehe sie ihn
gebrochen haben.

Franz Liszt (1811–1886)
österreichisch-ungarischer Komponist

Da, wo Du nicht bist, da ist das Glück.

Georg Philipp Schmidt von Lübeck (1766–1849)
deutscher Lyriker

Ein schweres Leben ist erträglich,
sobald man ein Ziel hat.

Fridtjof Nansen (1861–1930)
norwegischer Polarforscher
und Friedensnobelpreisträger

Jeder Irrtum ist ein Schritt zur Wahrheit.

Jules Verne (1828–1905)
französischer Schriftsteller

Ein Ruin kann drei Ursachen haben: Frauen,
Wetten oder die Befragung von Fachleuten.

Georges Pompidou (1911–1974)
französischer Staatspräsident

Mein größtes Verdienst ist, Glück zu haben.

Georges Pompidou (1911–1974)
französischer Staatspräsident

Die Menschen gehen, die Ideen und
die moralischen Ansprüche bleiben.
Sie werden auf den Beinen
anderer Menschen weiterlaufen.

Giovanni Falcone (1939–1992)
italienischer Richter

Die Zeit heilt nicht alle Wunden.
Sie lehrt uns nur, mit dem Unbegreiflichen
zu leben.

Aus einem Nachruf

Selbstlosigkeit ist ausgereifter Egoismus.

Herbert Spencer (1820–1903)
englischer Soziologe

Jeder Mensch hat sein Schicksal –
und ein gewisses Selbstbestimmungsrecht.

Janine Weger (*1985)
deutsche Aphoristikerin

S'Läba isch koi Schlotzer!

Schwäbische Weisheit

Niemals ist man weniger allein,
als wenn man mit sich selbst allein ist.

Fred Astaire (1899–1987)
US-amerikanischer Sänger,
Tänzer und Schauspieler

Das Glück lässt sich nicht zwingen.
Aber es hat für hartnäckige Menschen
sehr viel übrig.

Peter Frankenfeld (1913–1979)
deutscher Schauspieler
und Entertainer

Je weniger man zustande bringt,
desto kürzer scheint das Leben.

Wilhelm von Humboldt (1767–1835)
preußischer Gelehrter und
Mitbegründer der Berliner Universität

Ein Pessimist ist jemand, der uns sagt,
wie unglücklich wir eigentlich sein sollten.

Ivan Rebroff (1931–2008)
deutscher Sänger

Allem kann ich widerstehen –
nur der Versuchung nicht.

Oscar Wilde (1854–1900)
irischer Schriftsteller

Es ist nutzlos zu versuchen,
Menschen zu helfen,
die sich nicht selbst helfen.

Andrew Carnegie (1835–1919)
US-amerikanischer Industrieller

Wäre nicht das Nein,
so wäre das Ja ohne Kraft.

Friedrich Wilhelm Joseph Schelling (1775–1854)
deutscher Philosoph

Drei Dinge helfen,
die Mühseligkeiten des Lebens zu tragen:
Die Hoffnung, der Schlaf
und das Lachen.

Immanuel Kant (1724–1804)
deutscher Philosoph

Wer sich in der Lebensmitte fragt:
»War das schon alles?«, hat sich
für die erste Hälfte zu viel
und für die zweite
zu wenig vorgenommen.

Ernst Reinhardt (*1932)
Schweizer Publizist

Es gibt keinen traurigeren Anblick,
als den eines jungen Pessimisten –
abgesehen von dem eines alten Optimisten.

Mark Twain (1835–1910)
US-amerikanischer Schriftsteller

Ein Wunsch kann durch nichts
mehr verlieren, als dadurch,
dass er in Erfüllung geht.

Peter Bamm (1897–1975)
deutscher Arzt
und Schriftsteller

Politik und Gesellschaft

Ministerpräsident Winfried Kretschmann und
Ministerpräsident a.D. Lothar Späth

Was nützt uns der Sieg im Klassenkampf,
wenn wir danach auf unserer Erde
nicht mehr leben können.

Rudi Dutschke (1940–1979)
deutscher Soziologe und politischer Aktivist

Wir leben in einem gefährlichen Zeitalter.
Der Mensch beherrscht die Natur,
bevor er gelernt hat, sich selbst zu beherrschen.

Albert Schweitzer (1875–1965)
deutsch-französischer Arzt
und evangelischer Theologe

Freiheit ist ein Luxus, den sich nicht
jedermann leisten kann.

Karl Marx (1818–1883)
deutscher Philosoph

Die Leute, die sich rühmten,
eine Revolution gemacht zu haben,
haben noch immer am Tag darauf gesehen,
dass die gemachte Revolution jener,
die sie machen wollten,
durchaus nicht ähnlich sah.

Friedrich Engels (1820–1895)
deutscher Philosoph

Auch wenn man gut konsumiert,
kann man dahinvegetieren.

Rudi Dutschke (1940–1979)
deutscher Soziologe
und politischer Aktivist

Das Gesetz ändert sich, das Gewissen nicht.

aus dem Film ›Sophie Scholl – Die letzten Tage‹

Lobt dich der Gegner, dann ist das bedenklich;
schimpft er, dann bist Du in der Regel
auf dem richtigen Weg.

August Bebel (1840–1913)
deutscher Politiker

Der eine wartet, dass die Zeit sich wandelt.
Der andere packt sie kräftig an
– und handelt.

Dante Alighieri (1265–1321)
italienischer Dichter
und Philosoph

Das »Endziel des Sozialismus«,
was immer es sei, ist mir gar nichts,
die Bewegung ist alles.

Rosa Luxemburg (1871–1919)
polnisch-deutsche Kämpferin
in der europäischen Arbeiterbewegung

Der Kapitalismus ist eine ziemlich
kriminelle Vereinigung,
von der wir alle profitieren.

Peter Zadek (1926–2009)
deutscher Theaterregisseur
und Intendant

Frieden wird nicht zwischen Freunden,
sondern zwischen Feinden geschlossen.

Jitzchak Rabin (1922–1995)
israelischer Politiker und Friedensnobelpreisträger

Es muss darauf geachtet werden,
dass das Grundgesetz nicht mit Methoden
geschützt wird, die seinem Ziel und
seinem Geist zuwider sind.

Gustav Heinemann (1899–1976)
deutscher Bundespräsident

Wir gefährden nicht Demokratie,
wir machen Gebrauch von ihr.

Heinrich Böll (1917–1985)
deutscher Schriftsteller
und Nobelpreisträger

Nur wenn wir in dieser Welt gemeinsam leben,
Hass abbauen und Freundschaften schließen,
nur dann hat diese Welt eine Zukunft.

Johannes Rau (1931–2006)
deutscher Bundespräsident

Man kann den Abgrund nicht in
zwei Sprüngen überqueren. Man muss
den mutigen Sprung mit einem Mal tun.

Václav Havel (1936–2011)
tschechischer Schriftsteller,
Menschenrechtler und Politiker

Sie können wohl alle Blumen
abschneiden, aber Sie können
den Frühling nicht verhindern.

Pablo Neruda (1904–1973)
chilenischer Dichter und Nobelpreisträger

Macht macht böse.

Henri Nannen (1913–1996)
deutscher Verleger und
Gründer des Magazins ›stern‹

Solidarität beruht auf der Erkenntnis,
dass den eigenen Interessen am besten
gedient ist, wenn auch die anderen
zu ihrem Recht kommen.

Richard von Weizsäcker (*1920)
deutscher Bundespräsident

Wenn es mit dem Euro nicht so
richtig klappt, könnte man es ja
mit dem Neandertaler versuchen.

Gerald Drews (*1954)
deutscher Journalist und Autor

Wir haben gelernt, wie die Vögel zu fliegen,
wie die Fische zu schwimmen.
Aber wir haben die einfache Kunst verlernt,
wie Brüder zu leben.

Martin Luther King (1929–1968)
US-amerikanischer Baptistenpastor
und Bürgerrechtler

In der Stadt lebt man zu seiner
Unterhaltung, auf dem Land
zur Unterhaltung der Anderen.

Oscar Wilde (1854–1900)
irischer Schriftsteller

Wenn die Gerechtigkeit untergeht,
hat es keinen Wert mehr,
dass Menschen leben auf Erden.

Immanuel Kant (1724–1804)
deutscher Philosoph

Das Geben ist leicht. Das Geben überflüssig
zu machen, ist viel schwerer.

Henry Ford (1863–1947)
US-amerikanischer Unternehmer und
Gründer der Ford Motor Company

Beim Militär verliehen sie mir einen Orden,
weil ich zwei Männer tötete und
entließen mich, weil ich einen liebte.

Leonard Matlovich (1943–1988)
US-amerikanischer Soldat und Aktivist

Zurück zur Natur ist noch Modewort –
bald jedoch eine Überlebensfrage.

Klaus Ender (*1939)
deutscher Fotograf
und Schriftsteller

Wer herzhaft lacht, hat mich nicht richtig
verstanden.

Ernesto Guevara (1928–1967)
argentinischer Arzt
und Revolutionär

Gott hat die einfachen Menschen
offenbar geliebt, denn er hat so viele
von ihnen gemacht.

Abraham Lincoln (1809–1865)
16. Präsident der Vereinigten Staaten

Mir tun alle leid, die sich ohne Orden
an der Brust halb nackt fühlen.

Gustav Heinemann (1899–1976)
deutscher Bundespräsident

Ich halte nichts vom Recht
des Menschen auf Arbeit;
ich halte es lieber für das größte Recht
des Menschen, nichts zu tun.

Gioachino Rossini (1792–1868)
italienischer Komponist

Manche Leute wollen immer glänzen,
obwohl sie keinen blassen Schimmer haben.

Kurt Georg Kiesinger (1904–1988)
deutscher Bundeskanzler

Wer die Welt verbessern will,
kann gleich bei sich selbst anfangen.

Pearl S. Buck (1892–1973)
US-amerikanische Schriftstellerin
und Nobelpreisträgerin

Der Erfinder der Notlüge liebte
den Frieden mehr als die Wahrheit.

James Joyce (1882–1941)
irischer Schriftsteller

Große Gelegenheiten, anderen zu helfen,
ergeben sich selten,
kleine dagegen tagtäglich.

Paul Gerhardt (1607–1676)
evangelischer Theologe und Dichter

Es ist bekannt,
dass der radikalste Revolutionär
am Tag nach der Revolution
ein Konservativer wird.

Hannah Arendt (1906–1975)
deutsch-US-amerikanische
politische Theoretikerin

Was nichts kostet, ist nichts wert.

Albert Einstein (1879–1955)
deutscher Physiker und Nobelpreisträger

Wenn wir nur für das Geld und
den Gewinn arbeiten,
bauen wir uns ein Gefängnis.

Antoine de Saint-Exupéry (1900–1944)
französischer Schriftsteller

Für einen Politiker ist es gefährlich,
die Wahrheit zu sagen.
Die Leute könnten sich daran gewöhnen,
die Wahrheit hören zu wollen.

George Bernard Shaw (1856–1950)
irisch-britischer Dramatiker

Beliebtheit sollte kein Maßstab
für die Wahl von Politikern sein.
Wenn es auf die Popularität ankäme,
säßen Donald Duck und die Muppets
längst im Senat.

Orson Welles (1915–1985)
US-amerikanischer Schauspieler
und Filmregisseur

Karriere, Erfolg, Berühmtheit

Maximilian Schell

Vier Zeilen in einem guten Lexikon
sind mehr als der schönste Grabstein.

Sir Alec Guinness (1914–2000)
britischer Schauspieler

Wenn man im Leben keinen Erfolg hat,
braucht man sich deshalb nicht
ohne weiteres für einen Idealisten zu halten.

Henry Miller (1891–1980)
US-amerikanischer Schriftsteller
und Maler

Für das Können gibt es nur einen Beweis:
Das Tun.

Marie von Ebner-Eschenbach (1830–1916)
österreichische Schriftstellerin

Jede künstlerische Leistung ist ein Sieg
über die menschliche Trägheit.

Herbert von Karajan (1908–1989)
österreichischer Dirigent

Den Beweis der Tüchtigkeit erbringt man
nicht so sehr in dem, was man selber leistet,
als vielmehr durch die Leistungen derer,
mit denen man sich zu umgeben versteht.

Andrew Carnegie (1835–1919)
schottisch-US-amerikanischer Industrieller

Irgendwann ist man ganz oben und allein.
Da oben kann es ziemlich einsam sein
und man hat nicht mehr so viel,
worüber man sich freuen kann.

Ella Fitzgerald (1917–1996)
US-amerikanische Jazz-Sängerin

Was dem Einzelnen nicht möglich ist,
das vermögen viele.

Friedrich Wilhelm Raiffeisen (1818–1888)
deutscher Sozialreformer und Begründer der
Genossenschaftsbewegung in Deutschland

Wer arbeitet, macht Fehler.
Wer viel arbeitet, macht mehr Fehler.
Nur wer die Hände in den Schoß legt,
macht gar keine Fehler.

Alfred Krupp (1812–1887)
deutscher Industrieller
und Erfinder

Es zählt nicht, wo Du herkommst,
es zählt nur, wo Du hinwillst.

Ella Fitzgerald (1917–1996)
US-amerikanische Jazz-Sängerin

Wenn man Fische studieren will,
wird man am besten selber zum Fisch.

Jacques Cousteau (1910–1997)
französischer Meeresforscher

Die Wahrheit nachbilden mag gut sein, aber
die Wahrheit erfinden ist besser, viel besser.

Giuseppe Verdi (1813–1901)
italienischer Komponist

Der beste Schutz gegen die Managerkrankheit
ist eine gute Sekretärin.

Ferdinand Sauerbruch (1875–1951)
deutscher Chirurg

Kleinigkeiten sind es, die Perfektion
ausmachen, aber Perfektion ist
alles andere als eine Kleinigkeit.

Michelangelo Buonarroti (1475–1564)
italienischer Maler, Bildhauer,
Architekt und Dichter

Wenn sich eine Tür schließt, so öffnet sich
eine andere, aber allzu oft blicken wir so lange
voller Bedauern auf die verschlossene Tür,
dass wir die, die sich für uns geöffnet hat,
gar nicht erst bemerken.

Alexander Graham Bell (1847–1922)
britischer Erfinder und Unternehmer

Das Talent arbeitet, das Genie schafft.

Robert Schumann (1810–1865)
deutscher Komponist

Das Auto ist erfunden worden,
um den Freiheitsspielraum des Menschen
zu vergrößern, aber nicht,
um den Menschen zum Wahnsinn
zu treiben.

Enzo Ferrari (1898–1988)
italienischer Rennfahrer und
Gründer des Rennwagenherstellers Ferrari

Von 100 Genies gehen
99 unentdeckt zugrunde.

Rudolf Diesel (1858–1913)
deutscher Ingenieur
und Erfinder des Dieselmotors

Pressefreiheit funktioniert in der Weise,
dass es nicht viel Freiheit
vor ihr gibt.

Grace Kelly (1929–1982)
US-amerikanische Schauspielerin
und Fürstin von Monaco

Der Maler soll nicht bloß malen, was er vor
sich sieht, sondern auch, was er in sich sieht.
Sieht er aber nichts in sich, so unterlasse er
auch zu malen, was er vor sich sieht.

Caspar David Friedrich (1774–1840)
deutscher Maler und Zeichner

Das größte Glück ist,
an sich selbst zu glauben.

Selma Lagerlöf (1858–1940)
schwedische Schriftstellerin

Ein Experte ist ein Mann,
der aufgehört hat zu denken. – Er weiß!

Frank Lloyd Wright (1867–1959)
US-amerikanischer Architekt
und Schriftsteller

Es gibt nicht viel was besser schmeckt,
als von denen zu empfangen,
die selbst klug und tüchtig sind.

Selma Lagerlöf (1858–1940)
schwedische Schriftstellerin

Ich habe mich immer bemüht,
eine Viertelstunde zu früh zu sein.
Und das hat mich zum Mann gemacht.

Horatio Lord Nelson (1758–1805)
britischer Admiral

Auch Erfolg wird bestraft.
Die Strafe liegt darin, dass man
mit Leuten zusammenkommt,
die man früher meiden durfte.

John Updike (1932–2009)
US-amerikanischer Schriftsteller

Mache aus Deiner Arbeit einen Sport!

August Oetker (1862–1918)
deutscher Unternehmer
und Gründer der Oetker-Gruppe

Wer nie ganz unten war,
der weiß auch nicht, was Glück sein kann.

Tony Curtis (1925–2010)
US-amerikanischer Schauspieler

Das Wesentliche an jeder Erfindung
tut der Zufall, aber den meisten Menschen
begegnet dieser Zufall nicht.

Friedrich Nietzsche (1844–1900)
deutscher Philologe
und Philosoph

Die anderen reden – ich arbeite!

Pablo Picasso (1881–1973)
spanischer Maler

Die Ästhetik unserer Tage heißt Erfolg.

Andy Warhol (1928–1987)
US-amerikanischer Grafiker
und Künstler

Arbeite nur, wenn Du das Gefühl hast,
es löst eine Revolution aus.

Joseph Beuys (1921–1986)
deutscher Künstler

Besser ein Misserfolg in
der richtigen Richtung
als ein Erfolg in der falschen.

Philip Rosenthal (1916–2001)
deutscher Industrieller
und Politiker

Menschen mit einer neuen Idee gelten
so lange als Spinner, bis sich die Sache
durchgesetzt hat.

Mark Twain (1835–1910)
US-amerikanischer Schriftsteller

Nur wer seinen eigenen Weg geht,
kann von niemandem überholt werden.

Marlon Brando (1924–2004)
US-amerikanischer Schauspieler

Wenn alle Wege verstellt sind,
bleibt nur der Weg nach oben.

Franz Werfel (1890–1945)
österreichischer Dichter

Wenn wir nicht an die Möglichkeit
wahrer Größe glauben,
wie können wir dann von ihr träumen?

Lee Strasberg (1901–1982)
US-amerikanischer Regisseur
und Schauspiellehrer

Die größten Menschen sind bescheiden.

Pierre-Auguste Renoir (1841–1919)
französischer Maler

Ich singe, als hinge mein Leben davon ab,
und wenn es damit vorbei sein sollte,
wäre auch mein Leben dahin.

Mario Lanza (1921–1959)
US-amerikanischer Tenor

Erfolg bedeutet,
sich um jedes verdammte Ding
auf der Welt Sorgen zu machen,
außer über Geld.

Johnny Cash (1932–2003)
US-amerikanischer Country-Sänger

Ich bin noch immer der Meinung,
dass Kunst von Können herkömmt:
käme sie von Wollen, hieße sie Wulst.

Ludwig Fulda (1862–1939)
deutscher Bühnenautor

Der Geschmack ist der beste Richter.
Er ist selten.

Paul Cézanne (1839–1906)
französischer Maler

Eine meiner herausragendsten Eigenschaften
ist die Angeberei.

Martin Kippenberger (1953–1997)
deutscher Künstler

Ein Millionär befürchtet immer,
dass sein Vermögen kleiner wird.
Ich befürchte, dass mein Unvermögen
größer wird.

Hans-Joachim Kulenkampff (1921–1998)
deutscher Schauspieler
und Fernsehmoderator

Letztlich bekommt jeder von uns genau das,
was er verdient – aber nur die Erfolgreichen
geben das zu.

Georges Simenon (1903–1989)
belgischer Schriftsteller

Alles ist nichts ohne die Liebe
des Publikums.

Klausjürgen Wussow (1929–2007)
deutscher Schauspieler

Wer in der Sonne steht, muss auch ertragen,
dass er verbrannt wird.

Helmut Zilk (1927–2008)
österreichischer Politiker

Arbeit ist der Eckstein, auf dem
die Welt ruht. Sie ist die Wurzel
unserer Selbstachtung.

Henry Ford (1863–1947)
US-amerikanischer Unternehmer und
Gründer der Ford Motor Company

Ruhm ist die Sonne des Todes.

Honoré de Balzac (1799–1850)
französischer Schriftsteller

Nach dem Spiel ist vor dem Spiel.

Sepp Herberger (1897–1977)
deutscher Fußballspieler
und -trainer

Es gibt Abende,
an denen fällt nicht das Schauspiel durch,
sondern das Publikum.

Max Reinhardt (1873–1943)
österreichischer Schauspieler
und Regisseur

Es gibt Leute,
die zahlen für Geld jeden Preis.

Arthur Schopenhauer (1788–1860)
deutscher Philosoph

Nenne Dich nicht arm,
weil Deine Träume nicht
in Erfüllung gegangen sind:
Wirklich arm ist nur,
der nie geträumt hat.

Marie von Ebner-Eschenbach (1830–1916)
österreichische Schriftstellerin

Heute kann sich kaum noch jemand
das Leben leisten, das er führt.

Jack Lemmon (1925–2001)
US-amerikanischer Schauspieler

Jugend, Alter, Glaube

Eva Jacob von den ›Jacob Sisters‹

Viele möchten leben,
ohne zu altern,
und sie altern in Wirklichkeit,
ohne zu leben.

Alexander Mitscherlich (1908–1982)
deutscher Psychoanalytiker
und Sozialpsychologe

Altern ist ein hochinteressanter Vorgang.
Man denkt und denkt … und plötzlich kann
man sich an nichts mehr erinnern.

Ephraim Kishon (1924–2005)
israelischer Schriftsteller und Satiriker

Ihr sollt niemals aufhören zu leben,
ehe ihr gestorben, welches manchem
passiert und ein gar ärgerliches Ding ist.

Jacques Offenbach (1819–1880)
deutsch-französischer Komponist

Wer als reicher Mann stirbt, stirbt blamiert.

Andrew Carnegie (1835–1919)
US-amerikanischer Industrieller

Man braucht nicht dabei zu sein,
wenn man unsterblich wird.

Gustav Mahler (1860–1911)
österreichischer Komponist

Das Alter, das man haben möchte,
verdirbt das Alter, das man hat.

Paul von Heyse (1830–1914)
deutscher Schriftsteller

Ich bin jetzt 35 Jahre alt und habe der Welt
noch nicht für 35 Pennies genützt.

James Watt (1736–1819)
schottischer Erfinder

Es wäre schön, wenn man
im Himmel Golf spielen könnte.

Toni Sailer (1935–2009)
österreichischer Skirennfahrer

Wenn man endlich wirklich etwas
vom Leben versteht, dann stirbt man.

Peter Zadek (1926–2009)
deutscher Theaterregisseur
und Intendant

Der Herbst ist der Frühling des Winters.

Henri de Toulouse-Lautrec (1864–1901)
französischer Maler
und Grafiker

Das Gute bleibt ewig gut,
aber das Schlechte wird durch
das Alter immer schlechter.

Johann Heinrich Pestalozzi (1746–1827)
Schweizer Pädagoge

Wenn man aufhört zu träumen, ist man tot.

Alexander Sutherland Neill (1883–1973)
englischer Pädagoge

Kein Mensch hat so schwerwiegende Fehler,
dass sie nicht durch ein erstklassiges Begräbnis
aus der Welt geschafft werden könnten.

Robert Lembke (1913–1989)
deutscher Journalist
und Moderator

Je älter man wird, desto mehr ähnelt
die Geburtstagstorte einem Fackelzug.

Katharine Hepburn (1907–2003)
US-amerikanische Schauspielerin

Von einem bestimmten Alter an
ist jeder Mensch für sein Gesicht
verantwortlich.

Albert Camus (1913–1960)
französischer Schriftsteller
und Nobelpreisträger

Auch mit sechzig kann man
noch vierzig sein – aber nur noch eine
halbe Stunde am Tag.

Anthony Quinn (1915–2001)
mexikanisch-US-amerikanischer Schauspieler

Ich bekenne, ich habe gelebt.

Pablo Neruda (1904–1973)
chilenischer Dichter und Nobelpreisträger

Haben Sie keine Angst vor dem
Lebensabend! Er geht auch vorbei.

Michail Genin (1927–2003)
russischer Aphoristiker

Erst wenn ein Anzug abgetragen ist,
beginnt seine Glanzzeit.

Heinz Rühmann (1902–1994)
deutscher Schauspieler

Alte Leute sind gefährlich –
sie haben keine Angst vor der Zukunft.

George Bernard Shaw (1856–1950)
irisch-britischer Dramatiker

Die Leute, die nicht zu altern verstehen,
sind die gleichen, die nicht verstanden
haben, jung zu sein.

Marc Chagall (1887–1985)
französicher Maler

Jugend kann man auch im Alter finden,
allerdings nur gebraucht.

Philipp Zvetanov (*1979)
bulgarischer Autor

Nicht den Tod sollte man fürchten,
sondern dass man nie beginnen wird zu leben.

Mark Aurel (121 n. Chr. – 180 n.Chr.)
römischer Kaiser

Man braucht sehr lange, um jung zu werden.

Pablo Picasso (1881–1973)
spanischer Maler

Soll das kurze Menschenleben
immer reife Frucht Dir geben,
musst Du jung Dich zu den Alten,
alternd Dich zur Jugend halten.

Paul von Heyse (1830–1914)
deutscher Schriftsteller
und Nobelpreisträger

Alles nimmt uns das Alter,
sogar den Verstand.

Vergil (70 v. Chr. – 19 v. Chr.)
römischer Dichter

Was wir selbst tun können,
das dürfen wir Gott nicht überlassen.

Gorch Fock (1880–1916)
deutscher Schriftsteller

Gottlos sind die, denen keine
höhere Macht bekannt ist als ihr eigenes Ich.
Gottlos ist niemand, der sich
für eine große Angelegenheit opfern kann.

Friedrich Naumann (1860–1919)
deutscher Politiker
und evangelischer Theologe

Und wenn ich in den Himmel komme,
dann will ich mir mit den übrigen Gags
aus meinen Shows etwas dazuverdienen.

Rudi Carrell (1934–2006)
niederländischer Showmaster

Seit meiner Kindheit habe ich Gott gesucht,
und ich habe den Teufel gefunden.

August Strindberg (1849–1912)
schwedischer Schriftsteller
und Dramatiker

Ich verlasse mich darauf, dass Gott nicht
die Gedanken von Frauen lesen kann.

Giulietta Masina (1921–1994)
italienische Schauspielerin

Ich habe mich immer so verhalten,
als ob es einen Gott gibt.

Max Schmeling (1905–2005)
deutscher Schwergewichtsboxer

Die Welt wird immer absurder.
Nur ich bin weiter Katholik und Atheist.
Gott sei Dank!

Luis Buñuel (1900–1983)
spanisch-mexikanischer Regisseur

Der Mensch ist ein Gott, wenn er träumt,
ein Bettler, wenn er nachdenkt.

Friedrich Hölderlin (1770–1843)
deutscher Lyriker

Manchmal glaube ich,
dass mich jemand da oben davor
bewahrt hat, unbedeutend zu sein.

Michel Petrucciani (1962–1999)
französischer Jazz-Pianist

Gott hat Humor – sonst hätte er nicht den
Menschen erschaffen.

Gilbert Chesterton (1874–1936)
englischer Autor
und Journalist

Das Einzige, worauf ich beim Papst
neidisch bin, sind seine roten Schuhe.

Margot Käßmann (*1958)
deutsche evangelische Theologin

Religion gilt dem gemeinen Mann als wahr.
Dem Weisen als falsch.
Und dem Herrscher als nützlich.

Seneca (4 v. Chr. – 65 n. Chr.)
römischer Philosoph

Wenn Gott mich anders gewollt hätte,
dann hätte er mich anders gemacht.

Johann Wolfgang von Goethe (1749–1832)
deutscher Dichter

Wer in Glaubenssachen den Verstand
befragt, bekommt unchristliche Antworten.

Wilhelm Busch (1832–1908)
deutscher Dichter und Zeichner

Wenn ich gestorben bin, soll man über
mich sagen können: Er tat sein Bestes
und er glaubte an Gott.

Glenn Ford (1916–2006)
kanadisch-US-amerikanischer Schauspieler

Als ich klein war, glaubte ich,
Geld sei das Wichtigste im Leben.
Heute, da ich alt bin, weiß ich: Es stimmt!

Oscar Wilde (1854–1900)
irischer Schriftsteller

Ein großer Vorteil des Alters liegt darin,
dass man nicht länger die Dinge begehrt,
die man sich früher aus Geldmangel
nicht leisten konnte.

Charlie Chaplin (1889–1977)
britischer Komiker und Schauspieler

Menschliches und Zwischenmenschliches

Conchita Wurst

Beim Spiel kann man
einen Menschen in einer Stunde
besser kennenlernen als
im Gespräch in einem Jahr.

Platon (427 v. Chr. – 347 v. Chr.)
antiker griechischer Philosoph

Alles verstehen, heißt alles verzeihen.

Anne Louise Germaine de Staël (1766–1817)
französische Schriftstellerin

Jeder Mensch ist ein Clown,
aber nur wenige haben den Mut, es zu zeigen.

Charlie Rivel (1896–1983)
spanischer Clown

Die Ehrgeizigen und die Wollüstigen
haben nur selten Zeit zu denken.

Voltaire (1694–1778)
französischer Autor und Philosoph

Nichts in der Welt ist so ansteckend
wie Lachen und gute Laune.

Charles Dickens (1812–1870)
englischer Schriftsteller

Verleumdung musst Du frech betreiben:
Es wird schon etwas haften bleiben.

Karl-Joseph Simrock (1802–1876)
deutscher Dichter
und Philologe

Gegen Angriffe kann man sich wehren,
gegen Lob ist man machtlos.

Sigmund Freud (1856–1939)
österreichischer Psychoanalytiker

Takt besteht darin, dass man weiß,
wie weit man zu weit gehen darf.

Jean Cocteau (1889–1963)
französischer Regisseur
und Schriftsteller

Man muss den Menschen im entfesselten
Zustand gesehen haben, um etwas
über die Menschen zu wissen.

Otto Dix (1891–1969)
deutscher Maler

Applaus ist eines der wenigen Dinge,
die heute noch mit der Hand
gemacht werden.

Charlie Rivel (1896–1983)
spanischer Clown

Unsere Zeit ist so aufregend,
dass man die Menschen eigentlich nur
noch mit Langeweile schockieren kann.

Samuel Beckett (1906–1989)
irischer Schriftsteller

Der Gast hat immer recht –
selbst wenn wir ihn vor die Tür
setzen müssen.

Charles Ritz (1891–1976)
französischer Hotelier

Die wenigsten Fehltritte begeht man
mit den Füßen.

Harald Juhnke (1929–2005)
deutscher Schauspieler und Entertainer

Wo die Sprache aufhört, fängt die Musik an.

E.T.A. Hoffmann (1776–1822)
deutscher Schriftsteller

Je höher wir uns erheben,
um so kleiner erscheinen wir denen,
welche nicht fliegen können.

Friedrich Nietzsche (1844–1900)
deutscher Philologe und Philosoph

Alles Große in unserer Welt geschieht nur,
weil jemand mehr tut, als er muss.

Hermann Gmeiner (1919–1986)
Gründer der SOS-Kinderdörfer

Moralisten sind Menschen, die sich dort
kratzen, wo es andere juckt.

Samuel Beckett (1906–1989)
irischer Schriftsteller

Freiheit bedeutet, dass man nicht unbedingt
alles so machen muss wie andere Menschen.

Astrid Lindgren (1907–2002)
schwedische Schriftstellerin

Wenn die Pflicht ruft,
gibt es viele Schwerhörige.

Gustav Knuth (1901–1987)
deutscher Schauspieler

Ich habe eiserne Prinzipien.
Wenn Sie Ihnen nicht gefallen,
habe ich auch noch andere.

Groucho Marx (1890–1977)
US-amerikanischer Schauspieler

Wahrheit ist eine widerliche Arznei,
man bleibt lieber krank,
ehe man sich entschließt,
sie einzunehmen.

August von Kotzebue (1761–1819)
deutscher Schriftsteller
und russischer Generalkonsul

Gesegnet seien jene, die nichts
zu sagen haben und den Mund halten.

Oscar Wilde (1854–1900)
irischer Schriftsteller

Das Glück trennt die Menschen,
aber das Leid macht sie zu Brüdern.

Peter Rosegger (1843–1918)
österreichischer Schriftsteller

Zur Beruhigung der Gemüter trägt
angemessene Beschäftigung viel bei.

Wilhelm von Humboldt (1767–1835)
preußischer Gelehrter und
Mitbegründer der Berliner Universität

Wenn die Menschen nur über Dinge reden
würden, von denen sie was verstehen.
Das Schweigen wäre bedrückend.

Albert Einstein (1879–1955)
deutscher Physiker
und Nobelpreisträger

Menschen, die nicht denken,
sind wie Schlafwandler.

Hannah Arendt (1906–1975)
deutsch-US-amerikanische
politische Theoretikerin

Eine Lüge ist wie ein Schneeball.
Je länger man ihn wälzt,
desto größer wird er.

Martin Luther (1483–1546)
theologischer Urheber der Reformation

Das gefährlichste Organ des Menschen
ist der Kopf.

Alfred Döblin (1878–1957)
deutscher Arzt und Schriftsteller

Glücklich sein heißt, ohne Schrecken
seiner selbst innewerden können.

Walter Benjamin (1892–1940)
deutscher Philosoph
und Übersetzer

Der größte Feind der Wahrheit ist derjenige,
der sie verbreitet.

Alexander VI. (1431–1503)
Papst

Es ist ein Kind in jedem von uns,
und es will spielen.

George Tabori (1914–2007)
ungarischer Schriftsteller
und Theatermacher

Glück kann man im Beruf nur einmal,
höchstens zweimal haben.
Beim dritten Mal muss schon Können
dabei sein.

Kurt Felix (1941–2012)
Schweizer Fernsehmoderator
und Journalist

Wer sich zu ernst nimmt,
macht sich lächerlich.
Wer über sich selbst lachen kann,
dem passiert das nie.

Václav Havel (1936–2011)
tschechischer Schriftsteller,
Menschenrechtler und Politiker

Nichts ist so unglaubwürdig
wie die Wirklichkeit.

Fjodor Dostojewski (1821–1881)
russischer Schriftsteller

Bei vielen Leuten beginnt das Gewissen
erst dort, wo der Vorteil aufhört.

Haile Selassie (1892–1975)
Regent Äthiopiens und
letzter Kaiser von Abessinien

Wer lügt, hat die Wahrheit immerhin gedacht.

Oliver Hassencamp (1921–1988)
deutscher Kabarettist

Die schlechten Vorbilder sind beliebter,
denn Sie lassen sich leichter nachahmen.

Hans-Jürgen Quadbeck-Seeger (*1939)
deutscher Chemiker

Der spricht vier Sprachen:
Schwäbisch, Hochdeutsch,
durch die Nase und über die Leut.

Schwäbisches Sprichwort

Die Kirche sagt,
Du sollst Deinen Nächsten lieben.
Ich bin überzeugt,
dass sie meinen Nachbarn nicht kennt.

Peter Ustinov (1921–2004)
britischer Schauspieler

Tiere sind die besten Freunde.
Sie stellen keine Fragen
und kritisieren nicht.

Mark Twain (1835–1910)
US-amerikanischer Schriftsteller

Du magst denjenigen vergessen,
mit dem Du gelacht hast,
aber nie denjenigen,
mit dem Du geweint hast.

Khalil Gibran (1883–1931)
libanesisch-US-amerikanischer Maler,
Philosoph und Dichter

Zu viel Nähe reizt zum Mord.

Sybill Gräfin Schönfeldt (*1927)
österreichisch-deutsche Schriftstellerin
und Journalistin

In den heimatlichen Dialekt übersetzt,
verliert selbst die Relativitätstheorie
an Schrecken.

Martin Reisenberg (*1949)
deutscher Bibliothekar und Schriftsteller

Und sollte ich vergessen haben,
jemanden zu beschimpfen,
dann bitte ich um Verzeihung.

Johannes Brahms (1833–1897)
deutscher Komponist

Dank

Ein kleines Buch – trotzdem ist ein großer Dank fällig.

Zu allererst meiner Mitarbeiterin Petra Sziede, die unsere Zitateauswahl aufbereitet, die Bilder gesichtet und alles in eine geordnete Form gebracht hat.

Martin Müller, Leiter der Journalistischen Unterhaltung, hat das Vorhaben von Anfang an tatkräftig unterstützt.

Nicht zu vergessen sind auch die Sendungsredakteure, Karen Schuller und Martin Besinger aus der Nachtcafé-Redaktion sowie Petra Stammen und Wiebke Sander aus der Redaktion »Ich trage einen großen Namen«. Sie haben mit ihrer Vorauswahl den Grundstock gelegt.

Besonderer Dank auch an Margarete Koch von SWR-Media und ihren Mitarbeitern sowie meinem Verleger Hubert Klöpfer und der Lektorin Sabine Besenfelder. Sie waren hervorragende Partner, um dieses neue Zitatebuch sicher und schnell auf den Weg zu bringen.

Wieland Backes

Schloß Favorite Ludwigsburg

Bildnachweis

Frank P. Kistner
Alexander Kluge
Tom Oettle
Peter A. Schmidt

und aus den Archiven des SWR

3. Auflage 2015
2. Auflage 2015

© 2014 Klöpfer und Meyer, Tübingen.
Alle Rechte vorbehalten.
ISBN 978-3-86351-505-8

Umschlaggestaltung: Christiane Hemmerich
Konzeption und Gestaltung, Tübingen.
Herstellung: Horst Schmid, Mössingen.
Satz: CompArt, Mössingen.
Gesetzt mit der Adobe Caslon Pro.
Druck und Einband: Pustet, Regensburg.

Mehr über das Verlagsprogramm von Klöpfer & Meyer
finden Sie unter *www.kloepfer-meyer.de*